Naisten esiinmarssi

Kustantaja: BoD-Books on Demand, Helsinki Suomi

Valmistaja: BoD-Books on Demand, Norderstedt, Saksa

ISBN: 978-952-802-079-0

Kautta ihmiskunnan historian ovat naiset olleet mukana vaikuttamassa yhteiskuntaan, politiikkaan ja seurakuntaelämään mitä suurimmassa määrin. Jos kaikki "suurnaiset" koottaisiin riviin niin se olisi vaikuttava näky. Kaikki tässä kirjassa esitellyt naiset löytyvät raamatun lehdiltä ja heidän esittelyssään on käytetty myös jonkin verran omaa mielikuvitusta mukana.

Naisen yleiskuva.

Naiset ovat keskimäärin miehiä pieniko-
koisempia ja heidän äänensä on keski-
määrin korkeampi kuin miehillä. On
tunnettua sanonta että naiset ensin
vaikka heikoille jäille. Tätä periaatetta
noudatettiin mm. kun Titanic laiva up-
posi. Pelastusveneissä ei ollut kaikille
tilaa joten naiset ja lapset saivat etusijan
niissä.

Titanicilla matkustaneista aikuisista nai-
sista 72 prosenttia, lapsista 50 prosent-
tia ja aikuisista miehistä 16 prosenttia
selvisi onnettomuudesta. Laivan nais-
puolisesta henkilökunnasta selvisi 91
prosenttia ja miespuolisesta 21 prosent-
tia.

Miesten ja naisten aivojen koossa ei ole
huomattavaa eroa mutta tunnettua on
että naiset osaavat käyttää aivokapasi-
teettiaan viisaammin kuin miehet.

Seurakunnissakin on yleisesti ottaen enemmän naisia aktiivisina jäseninä kuin miehiä joten ns. uskon asioissakin naiset ovat askeleen verran miehiä edellä.

1.Piet.3:7 kehottaa miehiä käsittelemään vaimoaan kuin heikompaa astiaa ettei miehen rukoukset estyisi. Tässä ei kuitenkaan puhuta naisista yleisesti heikompana astiana vaan juuri nimenomaan vaimosta jota kannattaa pitää kuin kukkaa kämmenellä. Kun lukee raamatun naisten elämästä niin eivät ne naiset yleisesti ottaen kovin paljon heikompia olekaan kuin miehet.

Eeva:

Aloitetaan esittely ensimmäisestä naisesta eli Eevasta joka asui paratiisissa miehensä Aatamin kanssa. Nimi Eeva tarkoittaa kaiken elävän äiti. Tästä ihanasta olotilasta paratiisissa tuli kuitenkin loppu hänen oltuaan tottelematon Jumalalle jonka jälkeen hänet karkotettiin paratiisista. Eeva on saanut kautta historian kantaa syntipukin mainetta haukattuaan ensimmäiseksi siitä kielletystä hedelmästä. Eevan kohdalla tuli niin sanotusti arki vastaan ja alkoi vaivannäkö joka vain jatkuu ja jatkuu meidänkin aikanamme. Eeva sai myös kokea suurimman surun mikä voi kohdata äitiä nimittäin oman lapsensa menetys kun toinen hänen pojistaan nimeltään Kain surmasi kateudesta veljensä Aapelin. Tottelemattomuuden seurauksena Jumala sanoi Eevalle:

"Minä teen suuriksi sinun raskautesi vaivat, kivulla sinä synnytät lapsia. Kuitenkin sinä tunnet halua mieheesi, ja hän on hallitseva sinua. Nykyajan lääketiedekään ei ole pystynyt eliminoimaan synnytystuskia vaan ainoastaan lieventämään oireita koska se on Jumalan säätämys. Onneksi nämä synnytyskivut eivät sammuta sitä iloa mikä syntyy kun uusi elämänalku tulee maailmaan. Käytännössä Eeva sai aloittaa kaiken nollasta koska hänellä ei ollut äitiä eikä edes anoppia joka olisi neuvonut että missä nurkassa se kaappi oikein seisoo.

Saara:

Tämän jälkeen siirrytään Aabrahamin vaimoon Saaraan jolle syntyi varsinainen iltatähti. Jumala oli luvannut Aabrahamille että hänen jälkeläisiään tulee olemaan kuin tähtiä taivaalla. Lupaus näytti kyllä jossain vaiheessa inhimillisesti mahdottomalta Saaran jo korkean iän vuoksi. Kun Jumala lupasi Saaralle että hän synnyttää pojan niin hänestä se kuulosti vähän hullunkuriselta ja hän naureskeli itsekseen asialle mutta Jumala muistutti Saaraa ettei Jumalalle mikään ole mahdotonta. Jumala piti lupauksensa ja niinpä Saara synnytti Iisakin 90-vuotiaana. Saara oli kyllä jo aikaisemmin antanut orjattarensa Haagarin vaimoksi miehelleen jotta tämä synnyttäisi lapsia Aabrahamille koska hän itse oli hedelmätön. Intiassa 73-vuotias nainen synnytti hiljattain kaksoset koeputkihedelmöityksen avulla ja häntä pidetään maailman vanhimpana synnyttäjänä mutta Aabrahamin vaimo Saara pitää kuitenkin jakamatonta ensimmäistä sijaa tuolla listalla. Saara kutsui myös kohteliaasti miestään herraksi jota ei meidän aikanamme enää vaimo tee muulloin kuin silloin kun miehellä on tilipäivä ja vaimo haluaisi ostoksille. Saaran ystävättäretkin pilailivat hänen kustannuksellaan ja väittivät että hänen pyöristynyt vatsansa johtui liiasta taatelien syönnistä. Tämä oli sellaista viatonta huumoria koska olihan Saara jo kertonut kaikille että hänen kohdussaan kehittyi lupauksen lapsi. Saaran odotusaikakin toi omat haasteensa hänen jo korkean ikänsä vuoksi eikä synnytyskään ollut mikään helppo toimitus vaan paikalle kutsuttiin kaksi kätilöä jotka auttoivat vauvan maailmaan. Aabraham sai kunnian katkaista napanuoran ja pidellä vauvaa sylissään samalla kiitellen Jumalaa siitä että lupausten lapsi oli nähnyt päivänvalon.

Raamatussa on useampiakin tapauksia joissa Jumala kuuli lapsettoman naisen rukouksen ja tapauksia jossa käytettiin ulkoista apua lasten hankinnassa, sillä tarkoitan tapauksia jossa naiset käyttivät orjaa lapsensa synnyttäjänä. Meidän päivinämme tätä menetelmää kutsutaan sijaissynnyttäjän hyödyntämiseksi tai kohdun vuokraamiseksi. Rukous on luonnollisesti se tärkein keino lapsettomuuteen mutta onhan olemassa myös lääketieteellisiä apukeinoja. Saaran kohdalla oli kyseessä Jumalan aikaisempi lupaus antaa Aabramille runsaasti jälkeläisiä ja mitä Jumala lupaa sen hän myös täyttää oman aikataulunsa mukaan. Raamatussa on myös kertomus Hanna nimisestä nuoresta naisesta joka oli lapseton ja joutui kärsimään pilkkaa ja häväistystä sen takia. Hän rukoili Jumalaa avukseen ja rukousvastauksena syntyi Samuel josta tuli profeetta ja Jumalan mies. **Psalmi 113:9** kehottaa kääntymään Jumalan puoleen näissäkin asioissa seuraavilla sanoilla. Jumala joka antaa hedelmättömän asua kodissa, iloisena lasten äitinä.

Haagar:

Haagar oli Saaran egyptiläinen orjatar jonka Saara antoi miehellensä Aabrahamille vaimoksi saadakseen jälkeläisen hänen avullaan. Haagar synnytti pojan jolle annettiin nimi Ismael. Nämä Aabrahamin vaimot eli Saara ja Haagar kertoo meille vertauskuvallisesti että on olemassa sekä orjattaren että vapaan vaimon perillisiä. Me jotka olemme Herran omia olemme lupauksen lapsia kun taas ne jotka vielä elävät ilman Jumalaa ja toivoa tässä maassa ovat synnin orjuuttamia ilman todellista vapautta.

Lootin vaimo:

Aabrahamin veljen Lootin vaimon kohtalo puhuu meille ettei ole paluuta entiseen sen jälkeen kun ollaan lähdetty Jumalan tahdon tielle.

Jumala puhui Lootin perheelle ja varoitti heitä katsomasta taakseen sen jälkeen kun he pakenivat Sodomasta, mutta vaimo ei voinut välttää kiusausta vaan hän kääntyi katsomaan Sodoman kaupungin tuhoa. Varmaan hän sydämessään tunsi sääliä ja kaipasi sen kaupungin rientoja joihin oli osallistunut siellä asuessaan. Hänen kohtalokseen tuli muuttua suolapatsaaksi ja siten varoittavaksi esimerkiksi meille muille ettemme käänny takaisin entiseen elämään lähdettyämme Jumalan tahdon tielle. Uudessa testamentissa Jeesus sanoo; "ei kukaan , joka laskee kätensä auraan ja katsoo taaksensa, ole sovelias Jumalan valtakuntaan. Ei katsella liikaa peruutuspeiliin vaan eteenpäin kohti uutta ja parempaa tulevaisuutta.

Naispappi:

"Tiesitkö muuten että suomessa en-
simmäiset valtionkirkon naispapit vihit-
tiin virkaansa v.1988? Heitä oli kaikkiaan
94 kappaletta. Joissakin kirkkokunnissa
ei vieläkään vihitä naisia papin virkaan
mutta kehitys menee eteenpäin hitaasti
mutta varmasti ja ura urkenee naisille
tällaisissakin tehtävissä."

Rebekka:

Saaran kuoleman jälkeen Aabraham
antoi taloudenhoitajalleen tehtäväksi
hakea vaimo pojalleen Iisakille oman
kansansa parista. Aabrahamin talou-
denhoitaja toimi puhemiehenä aivan
kuten suomessakin vielä 1800-1900 lu-
vun vaiheessa joskus toimittiin. Vapaa-
aikaa oli vähän ja välimatkat pitkät sen-
aikaisille kulkuneuvoille eikä nuorilla
ollut paljon yhteisiä rientojakaan jossa
voisi katsella itselleen puolisoa. Puhe-
mies lähti vaimon tai aviomiehen etsin-
tämatkalle ja hoiti kosinnankin toisen
puolesta tietysti maksua vastaan. Tämä

oli hyvä tapa esim. ujoille henkilöille löytää aviopuoliso. Kun tämän raamatun kauniin kertomuksen Rebekan kosimisesta lukee niin ymmärtää mikä siunaus on siinä kun uskovaiset saavat toisensa. Aabraham oli kieltänyt palvelijaansa hakemasta Iisakille vaimoa pakanoiden parista vaan oman kansansa parista. Tietysti voidaan väittää että Iisakin ja Rebekan avioliitto oli niin sanottu järjestetty avioliitto mutta koko prosessin ajan pyydettiin asiassa Jumalan johdatusta ja siinä oli se asian ydin. Jumala johti taloudenhoitajan juuri oikeaan paikkaan ja juuri oikean nuoren naisen luo. Rebekalta itseltään myös kysyttiin jos hän haluaa lähteä taloudenhoitajan mukana Iisakille vaimoksi mihin hän suostui ilomielin. Perheensä siunausten saattelemana Rebekka lähti matkaan ja niin Iisakki sai itselleen vaimon.

Iisakki sai hyvän vaimon lisäksi samalla lohdutusta äitinsä kuolemasta johtuneeseen suruun. Kun Rebekka tuli Iisakin luo niin kerrotaan että Iisakki oli juuri silloin kedolla mietiskelemässä ja ei ole

vaikea arvata mitä hän siellä mietiskeli
ja haaveili.

Iisakin ja Rebekan vihkikaava oli yksin-
kertainen ja sisälsi kaksi kohtaa nimit-
täin että Rebekan isä lupasi tyttönsä
Iisakille ja Rebekka itse suostui kosin-
taan. Sen jälkeen Iisakki vei hänet telt-
taansa ja siinä se oli.

Jaakobin vaimot:

Jaakob sai äitinsä veljeltä Laabanilta
kaksi tytärtä Lean ja Raakelin vaimoik-
seen. Morsiamenhinta oli kylläkin kova
koska hän sai palvella Laabania kaikki-
aan 14-vuotta saadakseen hänen mo-
lemmat tyttäret omakseen. Tietenkin
voidaan ajatella että moni muu joutuu
raatamaan koko ikänsä yhden vaimon
takia mutta se onkin jo ihan eri juttu.
Siskosten välille syntyi myös kilpailu siitä
ketä Jaakob rakastaa enemmän. Meidän
kulttuurissa moniavioisuus on kiellettyä
ja hyvä niin, onhan se jo saavutus kun
yhdenkin vaimon löytää. Jossain vai-
heessa Jaakob varmaan yritti saada Laa-

banin kanssa aikaan uuden sopimuksen lupaamalla tehdä runsaasti ylitöitä jos Laaban lyhentäisi sillä tavalla hänen työsopimustaan mutta sovittu mikä sovittu ja sillä siisti.

Jaakob raatoi kuin orja mutta aika kului nopeasti hänen rakastaessaan vaimojaan. Laaban yritti kyllä käyttää häntä hyväkseen rikastuakseen mutta Jumala ei sallinut sitä.

Potifarin vaimo:

Otetaan välillä yksi vähemmän mairitteleva esimerkki raamatussa mainituista naisista. Joosef oli myyty orjaksi Egyptiin ja siellä faraon hoviherran Potifarin palvelukseen. Potifarin vaimo iski silmänsä häneen ja yritti vietellä Joosefin. Joosef piti kuitenkin pintansa eikä suostunut hänen houkutuksiinsa mutta tästä suuttuneena hän valehteli miehelleen että Joosef oli yrittänyt tehdä hänelle väkivaltaa. Joosef joutui tämän takia vankilaan moneksi vuodeksi mutta lopulta oikeus voitti ja hänet vapautettiin. Potifarin vaimo sai itsensä raamatun lehdille nauttien vähän kyseenalaista kunniaa.

Raahab:

Raahabista kerrotaan Joosuan kirjassa ja hänen sanotaan ottaneen vastaan israelilaiset vakoojat jotka oli lähetetty vakoilemaan Jerikon kaupunkia ennen sen valloittamista. Raahab piilotti heidät luokseen ja sai sen takia lupauksen että hän ja hänen perhekuntansa säästetään kun kaupunki valloitetaan. Hänelle annettiin määräys laittaa punainen nauha talonsa ikkunaan jolloin hänet ja hänen luonaan oleva perheväki säästetään. Raahab oli kuvauksen mukaan portto ja kun nauha joka riippui hänen ikkunastaan oli punainen niin kukaan ei kiinnittänyt siihen ylimääräistä huomiota koska kaikki kaupungissa tiesivät hänen ammattinsa.

Hebrealaiset kätilöt Sifra ja Puua:

Kun israelilaiset lisääntyivät Egyptin or-
juudessa lujaa vauhtia niin farao antoi
käskyn että hebrealaiset poikavauvat oli
surmattava ja ainoastaan tyttövauvat
saisivat elää. Edellä mainitut kätilöt kiel-
täytyivät kuitenkin noudattamasta fara-
on määräystä surmata kaikki vastasyn-
tyneet poikavauvat ja sanoivat faraolle
että hebrealaiset naiset ovat niin voi-
makkaita että he synnyttävät jo ennen
kuin kätilö ehtii paikalle. Koska he totte-
livat enemmän Jumalaa kuin ihmisiä niin
Jumala siunasi heidän kotejaan ja antoi
heidän menestyä elämässään. Tämä
tapahtuma kertoo meille sen vanhan
totuuden että näissä elämän- ja kuole-
man kysymyksissä on parempi toimia
omantuntonsa mukaan kuin ihmisten
määräysten mukaan. Hoitoalalla työs-
kentelevät naiset joutuvat jatkuvasti
tällaisten kysymysten eteen ja joutuvat

tekemään omat ratkaisunsa puoleen tai
toiseen.

Mooseksen äiti:

Mooseksen henkiin jääminen oli ihme
kun hänen äitinsä joutui jättämään hä-
net kaislakorissa Niilin virtaan koska
farao oli antanut käskyn että kaikki heb-
realaisten poikalapset oli surmattava.
Mooseksen sisar jäi taaemmaksi katse-
lemaan kuinka Mooses vauvalle kävisi.
Faraon tytär palvelijattarineen löysi
vauvan ja otti hänet ylös virrasta ja otti
lapsen hoiviinsa ja palkkasi tietämättään
Mooseksen äidin imettäjäksi lapselle ja
maksoi siitä hänelle palkan. Mooseksen
äiti oli toisin sanoen ihmiskunnan histo-
rian ensimmäinen äiti joka sai äitiyspäi-
värahaa koska faraon tytär maksoi hä-
nelle hänen oman lapsensa eli Moosek-
sen imettämisestä. Mooseksen äidin
nimikin mainitaan raamatussa ja se oli
Jookebed jolle syntyivät Jumalan mies
Mooses, tuleva ylimmäinen pappi Aaron
ja heidän sisarensa Mirjam.

Mirjam:

Mirjam joka oli Mooseksen ja Aaronin sisko oli naisprofeetta ja hän sai olla johtamassa naisista koottua ylistysryhmää josta kerrotaan **2.Moos.15:20-21**, "Mirjam otti vaskirummun käteensä, ja kaikki naiset seurasivat häntä vaskirumpuja lyöden ja karkeloiden ja Mirjam viritti heille virren". Mirjam sai kulkea hyvässä seurassa kansan edellä kun hänellä oli molemmat veljensä eli Mooses ja Aaron rinnallaan. Mirjamilla oli kuitenkin vähän ongelmia auktoriteettien kanssa ja hän nousi vastustamaan Moosesta ja syytteli häntä hänen yksityiselämässään tehdyistä valinnoista mutta sai siitä rangaistukseksi pitalin ja joutui pysyttelemään leirin ulkopuolella seitsemän päivää. Hän joutui leikillisesti sanottuna nurkkaan häpeämään ja sai siellä parannella asennettaan. Koko muu väki joutui olemaan paikallaan hänen takiaan tuon viikon ajan. Hänen puolestaan rukoiltiin ja niin hän tuli entiselleen ja saadun opetuksen jälkeen jatkoi matkaa muiden mukana vähän viisaampana.

Naisenkeli?

Raamatussa kuvaillaan aina enkeleitä mieshahmossa vaikka totta puhuen naiset kyllä muistuttavat enkeleitä paremmin kuin miehet. Tyydytään kuitenkin mekin tähän työnjakoon jossa enkelit ovat mieshahmossa mutta tasoituksen vuoksi myönnettäköön että arkioloissa naiset muistuttavat ainakin luonteeltaan enemmän enkeleitä kuin miehet.

Nais nasiiri:

4.Moos. 6:2 "Puhu israelilaisille ja sano heille: Kun mies tai nainen on tehnyt erityisen lupauksen erottautuakseen nasiirina Herralle, hänen tulee pysyä erossa viinistä ja väkijuomasta.

Nasiiri on Jumalalle määrätyksi ajaksi erottautunut henkilö joka ei halua saastuttaa itseään alkoholilla vaan pidättäytyy kaikista viinirypäle tuotteista.

Nasiiria kuvaillaan aina askeettisena mieshenkilönä joka elää erakon elämää ja vaikuttaa vähän pelottavaltakin. Hänellä on koskematon parta ja pitkä valtoimenaan liehuva tukka. Nasiiri voi kuitenkin olla myös naishenkilö ja nyt onkin tilanne aivan erilainen koska on vaikeaa kuvitella naista joka olisi ulkoiselta olemukseltaan näin hoitamaton kuin miespuolisia nasiireja kuvaillaan. Tärkein nasiiri lupauksessa onkin Jumalalle erottautunut ja antautunut sydän eikä niinkään ulkoasu eikä sukupuoli.

Selofhadin tyttäret:

Edellä mainitut tyttäret tunsivat tulleensa syrjäytetyiksi perinnön jaossa koska tapana oli että perheen pojat jakoivat perintöomaisuuden. Tilanne oli kuitenkin heidän kohdallaan se ettei heidän perheessään ollut poikia vaan ainoastaan tyttöjä joten perintöomaisuus oli vaarassa joutua vieraiden haltuun. Heille myönnettiin kuitenkin erikoislupa perinnönjaossa ja Jumalakin lupasi ettei heitä syrjäytetä asiassa vaan he saavat periä maaomaisuutensa. Tiesitkö muuten että suomessa tuli 27.6.1878 voimaan laki jossa tytöt ja pojat saivat periä yhtä paljon. Kun sinä kerran jaat perintöä tasapuolisesti veljesi kanssa niin omista muutama ajatus näille Selofhadin tyttärille jotka joutuivat kamppailemaan saadakseen oman osuutensa perintöomaisuudestaan.

Hulda:

Hulda oli naisprofeetta joka oli "vain" vaatevaraston hoitajan vaimo. Jos häntä esiteltäisiin nykypäivänä hengellisen työn tekijänä niin ei varmaankaan mainittaisi näitä asioita hänen elämässään. Varmaankin haluttaisiin nähdä hänen koulutuksensa ja meriittilistansa jotta hän olisi tarpeeksi uskottava ihmisten silmissä. Jumalalla on kuitenkin omat valintaperiaatteensa joita me ihmiset emme aina ymmärrä. Huldalla oli jotakin mitä ei edes raamattu- tai profeettakoulu olisi voinut hänelle tarjota. Hänellä oli sana Jumalalta jota tultiin kauempaakin kuulemaan kun haluttiin Jumalan johdatusta johonkin asiaan.

Debora:

Debora oli yksi Israelin tuomareista ja oli myös kutsumukseltaan profeetta. Oli muuten ainoa naishenkilö joka sijoitettiin samaan kategoriaan kuin Mooses ja Samuel jotka myös olivat sekä profeettoja että tuomareita. Hänen aikanaan vallitsi anarkia eli sekasorto ja Israel oli ilman johtajaa. **Tuomarien kirja 5:7** kirjoittaa että israel oli johtoa vailla, kunnes sinä, Debora, nousit, sinä, Israelin äiti. Hänellä oli tapana istua Deboranpalmun alla, Raaman ja Beetelin välillä, Efraimin vuoristossa, ja Israelilaiset menivät hänen luokseen saamaan oikeutta. Hänen luonaan kävivät sekä miehet että naiset ja voidaan vähän leikillisesti sanoa että sekä herrat että narrit. Hän sai omana aikanaan nähdä Jumalan tekoja Israelin kansan keskuudessa.

Miehet ja naiset istuivat ringissä hänen ympärillään ja kuuntelivat ja ottivat opikseen. Meidän päivinämmekin ovat monet naiset toimineet valtion päämie-

hinä kuten Debora omana aikakaute-
naan ja ovat selvinneet siitä loistavasti.

Naiset Simsonin elämässä:

Kertomuksessa Simsonin elämästä esi-
tellään kolme naista jotka vaikuttivat
ratkaisevasti hänen elämänkohtaloonsa.
Ensimmäinen oli hänen äitinsä jonka
nimeä ei mainita tarkemmin vaan häntä
kutsutaan Maanoahin vaimoksi. Tämä
rouva-x sai enkeli-ilmestyksen jossa hä-
nelle luvattiin jälkeläinen ja samalla
myös kasvatusohjeet tulevalle pojalle.
Äidille annettiin kehotus pidättäytyä
kaikista viinirypäle tuotteista koska syn-
tyvä lapsi eli Simson tulisi olemaan Ju-
malan nasiiri syntymästään saakka.
Merkillepantavaa on että enkeli ilmestyi
kaksi kertaa nimenomaan ensin tälle
Maanoahin vaimolle eikä perheenpäälle
Maanoahille. Toinen nainen Simsonin
elämässä oli filistealainen tytär jonka
nimeä ei myöskään kerrota ja heidän
liitostaan tuli lyhytaikainen. Simsonin
vanhemmat eivät ymmärtäneet alkuun-
kaan miksi Simson meni hänen kanssaan

yhteen. Kaikessa oli kuitenkin Jumalan sallimus jotta Simson aloittaisi israelilaisten vapauttamisen filistealaisten vallan alta. Vaimo petti pian Simsonin maanmiestensä edessä ja niin heidän liittonsa kariutui mutta siinä yhteydessä Simson tuhosi yli tuhat filistealaista. Kolmas nainen oli nimeltään Delila jonka filistealaiset onnistuivat lahjomaan saadakseen ilmi Simsonin voiman salaisuuden. Delila sai Simsonin paljastamaan voimansa salaisuuden jonka jälkeen filistealaiset onnistuivat vangitsemaan hänet. Näistä kolmesta vain hänen äitinsä oli Jumalaa pelkäävä mutta kaksi muutakin naista saivat tietämättään palvella Jumalan tarkoitusperiä koska filistealaiset nöyryytettiin Simsonin elämän kautta perusteellisesti.

Batseba:

Batseba oli ensimmäinen tunnettu hyväksikäytön uhri kun hän meni kuningas Daavidin luo hänen linnaansa. Daavid käytti valtaansa väärin ja käytti hyväkseen toisen miehen vaimoa Batsebaa ja yritti sen jälkeen peitellä tekoaan mutta joutui katumaan Jumalan edessä lankeemustaan. Lapsi joka syntyi tuon teon seurauksena kuoli etteivät viholliset saisi pilkan aihetta tapahtuneesta hairahduksesta. Jos tuohon aikaan olisi ollut liikkeellä metoo-liike niin Daavid olisi ehdottomasti joutunut tuolle mustalle listalle. Batseba ei varmaankaan aavistanut mitään pahaa kun sai kutsun kuninkaan linnaan mutta ei voinut muuta kuin suostua kuninkaan alaisuuteen. Batsebasta tuli myöhemmin yksi kuninkaan vaimoista ja hän synnytti Daavidin seuraajan Salomon.

Metoo-kampanja

Abigail:

Kyseinen nainen kuvaillaan raamatussa ymmärtäväisenä ja kauniina mutta hänen miehensä Naabal taas tylynä ja pahantapaisena. He olivat varakkaita karjankasvattajia ja Daavid miehineen oleskeli heidän paimentensa läheisyydessä suojellen heitä. Daavid pyysi Naabalilta ruokatarvikkeita seurueelleen mutta Naabal oli kiittämätön eikä halunnut auttaa häntä. Daavid päätti maksaa hänelle potut pottuina mutta Naabalin vaimo Abigail sai viisaudellaan estettyä hänen aikeensa. Kohta tapauksen jälkeen Naabalin sydän kuoleutui hänen rinnassaan ja hän kuoli kymmenen päivän kuluttua. Tämän jälkeen Daavid pyysi Abigail leskeä vaimokseen johon hän ilomielin suostuikin.

Noitavaimo:

Saul hävitti aikanaan kaikki henkien manaajat Israelista mutta turvautui kuitenkin itse sellaiseen kun Jumala ei enää puhunut hänelle hänen oltuaan tottelematon Jumalalle. Uudessa testamentissakin löytyy kertomus naisesta jossa oli tietäjähenki jonka Paavali ajoi ulos hänestä. Ihmisiä on aina kiehtonut kaikenlainen yliluonnollinen mutta valitettavasti he eivät ymmärrä että on vaarallista joutua tekemisiin tällaisten voimien kanssa. Tämän päivän sivistyneessä yhteiskunnassakin ihmiset haluavat tietoa rajan toiselta puolen ja siksi ennustajista on tullut vakiintunut ammattikunta jotka korvausta vastaan kertovat tulevaisuudesta. Raamattu varoittaa vakavasti tällaisesta ja jos haluat tietää mikä on sinun tulevaisuutesi niin lue raamattua niin ymmärrät että Jeesuksessa sinulla on valoisa tulevaisuus mutta tulevaisuus ilman Häntä näyttää synkältä.

Päivälehdistä löytyy tänäkin päivänä seuraavanlaisia ilmoituksia.

Soita numeroon 040-XXXXXX niin kerron tulevaisuutesi ja puhelun hinta on vain 8 euroa.

Kristallipalloni kertoo sinusta kaiken! Tule vastaanotolleni arkipäivisin klo.10-18.00 niin et tule pettymään. Muista ottaa rahakukkarosi mukaan!

Abisag:

Kuningas Daavidin tultua vanhaksi hän ei enää pysynyt lämpimänä joten hänelle hankittiin apulainen joka palvelisi häntä ja pitäisi hänet lämpimänä. Tehtävään valittiin nuori suunemilainen tyttö nimeltään Abisag. Hänen ja Daavidin suhde oli puhtaasti työsuhde ja tyttö palveli kuningas Daavidia ollen hänen henkilökohtainen avustajansa. Daavidin poika Adonia joka yritti anastaa itselleen kuninkuuden vaikka se ei ollut hänelle tarkoitettu pyysi Daavidin seuraajalta Salomolta Abisagia itselleen vaimoksi mutta siihen Salomo ei suostunut. Adonian vallankaappausyritys koitui hänelle itselleen tuhoksi eikä hän saanut

edes Daavidin palvelustyttöä itselleen
kuninkaan hovista.

Saban kuningatar:

Saban kuningatar kuuli Salomon viisau-
desta ja loistosta jossa hän eli jonka joh-
dosta hän päätti matkustaa Salomon
luokse katsomaan että onko tämä kaikki
totta. Kuningattarena hän olisi tietenkin
voinut lähettää matkaan valtuuskunnan
joka olisi raportoinut hänelle kuinka
asiat todella olivat. Kuningatar halusi
kuitenkin omin silmin nähdä kaiken sen
loiston ja viisauden jonka Jumala oli Sa-
lomolle antanut. Hän esitti Salomolle ne
kaikkein kiperimmätkin kysymykset mitä
hänen sydämellään oli ja Salomo kykeni
antamaan niihin vastauksen sillä viisau-
della minkä oli Jumalalta saanut. Kunin-
gattaren uteliaisuus palkittiin ja niin hän
palasi tyytyväisenä omaan maahansa.

Kun tätä kertomusta lukee niin tulee
väistämättä mieleen ne kaikenlaiset
ennakkoluulot ja ennakkoasenteet mitä
meillä ihmisillä on uskonasioihin. Me

olemme ne monesti perineet jo koto-
amme ja ne saavat ohjata meidän elä-
määmme. Tehkäämme kuitenkin kuten
Saban kuningatar teki eli ottakaamme
itse asioista selvää ilman välikäsiä ja
avoimella sydämellä. Jeesus sanoi että
jos joku tahtoo tehdä Taivaallisen Isän
tahdon, tulee hän tuntemaan, onko tä-
mä oppi Jumalasta, vai puhuiko Jeesus
omiaan. Kun on elämän kaikkein tär-
keimmästä asiasta eli sielunpelastukses-
ta kysymys niin kannattaa olla utelias ja
ottaa itse henkilökohtaisesti selvää mi-
ten tullaan uskoon eikä kuunnella muita.

Iisebel:

Iisebel oli Israelin kuningatar ja kuningas
Ahabin puoliso, josta kerrotaan vanhas-
sa testamentissa ensimmäisessä ja toi-
sessa kuninkaitten kirjassa. Iisebel oli
siidonilaisten kuninkaan Etbaalin tytär.
Iisebel sai Ahabin kääntymään pois Ju-
malasta ja ohjasi hänet palvomaan epä-
jumalia. Hän oli luonteeltaan vallanhi-

moinen ja moraaliton. Hän tapatti myös
Herran profeettoja ja yritti saada koko
kansan palvelemaan Baalia. Kaikkein
Ironisinta on että nimi Iisebel tarkoittaa
puhdasta, siveää, ilman epäjumalanpal-
vontaa olevaa. Raamatun Iisebelin koh-
dalla nimi ei ollut todellakaan naista
myöten. Hän oli ulospäin hurskas ja ju-
malaa pelkäävä mutta se oli hänen koh-
dallaan vain teatteria.

- Iisebel oli nainen, joka hallitsi omaa
miestään eli kuningas Ahabia toimien
hänen selkänsä takana todellisena joh-
tajana. Hän vei häikäilemättömästi
oman tahtonsa läpi keinolla millä hyvän-
sä. Tyypillistä niille jotka ovat saman
hengen vallassa kuin raamatun Iisebel
ovat esim.

-Iisebelin hengen vallassa olevilla on
ongelmia auktoriteettien ja pyrkivät
itse hallitsemaan muita. Kaiken tämän
takana on pimeyden henkivallat jotka
yrittävät alistaa kaikki oman valtansa

alle.

-yrittää kyynärpäätaktiikalla hankkia itselleen tehtävän johon Jumala ei ole häntä valtuuttanut.

-ei kestä ollenkaan kritiikkiä vaan hylkää kaikki ne jotka eivät tanssi hänen oman pillinsä mukaan.

-osaa esittää todella nöyrää mutta tekee omaa myyräntyötään muiden selän takana. Jos haluat olla hyvissä väleissä tällaisen lisebelin hengessä olevan henkilön kanssa niin ole samaa mieltä kaikista asioista hänen kanssaan. Näitä lisebelejä löytyy tänäkin päivänä jotka toimivat taustalla mutta ovat kuitenkin todellisuudessa niitä jotka vetelevät naruista ja saavat sätkynuket heilumaan omaan tahtiinsa.

Iisebelin hengen vallassa olevien ainoa oikea paikka on teatterissa. Siellä saa näytellä ja esittää aivan muuta kuin mitä todellisuudessa on.

Atalja:

Atalja oli Iisebelin eli Israelin kuningattaren tytär ja kun hänen elämäntarinaansa lukee niin ymmärtää hyvin sanonnan ettei omena putoa kauas puusta. Ataljan mies eli Jooram hallitsi Juudeaa kaksi vuotta ja hänen jälkeensä Ataljan poika Ahasja yhden vuoden. Ahasjastakin kirjoitetaan että hän vaelsi jumalattomasti juuri siksi että hän oli äitinsä eli Ataljan puolelta sukua Ahabille. Tämän jälkeen Atalja otti ohjat omiin käsiinsä ja toimi diktaattorina Juudeassa n. 6 vuotta. Tämän hänen vallanhimonsa hän oli perinyt jo äidinmaidossaan jota hänen äitinsä Iisebel juotti hänelle vauvana.

Vasti:

Kuningatar Vasti josta kerrotaan Esterin kirjassa on oiva esikuva naisasialiikkeen naisille ja hän aloitti aikanaan naisten vapautusliikkeen. Hän nousi uhmaamaan miehensä kuningas Ahasveroksen käskyä mutta ajankohta oli huonoin mahdollinen koska koko valtakunnan kerma sai kuulla sen. Kotioloissa se olisi ehkä menetellyt mutta tässä tilanteessa koko kuninkaan arvovalta kärsi kolauksen. Vasti laittoi tietämättään alulle tasa-arvo kampanjan jota käydään vielä tänä päivänäkin. Tosin hänelle kävi niin kuin useimmille "vapaustaistelijoille" eli hän menetti tämän johdosta kuningattaren arvonimensä ja hänet syöstiin valtaistuimeltaan muiden tavallisten naisten joukkoon. Kuninkaan neuvonantajat olivat sitä mieltä että tästä täytyy tehdä kerralla loppu ennen kuin se tarttuu muihinkin naisiin ja sen jälkeen miehillä ei ole enää mitään sanomista kotonaan vaan miesvallan tilalle tulee "akkavalta". Historia ei kerro saiko Vastin esimerkki muut sen aikaiset naiset kaduille osoittamaan mieltään ja vaatimaan tasa-arvoa itselleen mutta se onkin jo toinen juttu.

Esteri:

Esteri tarkoittaa suomeksi tähteä ja
eräänlainen tähti hänestä tulikin. Juuta-
laissyntyinen orpotyttö Esteri valittiin
Vastin tilalle kuningattareksi ja sai olla
välikappaleena juutalaisten kansanmur-
han estämiseksi.

Esteri ei aluksi paljastunut olevansa syn-
typerältään juutalainen koska hänen
isäpuolensa kielsi häntä. Jumala nosti
hänet tähän korkeaan asemaan kunin-
gas Ahasveroksen puolisoksi omien
suunnitelmiensa toteutumiseksi. Kun
hänen maanmiehiään uhkasi tuho niin
hän näytti värinsä ja paljasti syntyperän-
sä ja sai estettyä juutalaisten tuhon. Hän
sai myös oman kirjan raamattuun joten
hänen kohdallaan toteutui raamatun
sana että Jumala korottaa kenet haluaa
ja alentaa kenet haluaa omien aivoitus-
tensa mukaan. Tapahtumien muistoksi
vietetään juutalaisten keskuudessa Pu-
rim-juhlaa jolloin synagogissa luetaan
Esterin kirjaa ja kun nimi Haman maini-
taan niin siinä kohdassa lapset helisyttä-

vät helistimiään ja pitävät meteliä ettei tarvitse kuulla hänen nimeään. Haman oli nimittäin se joka yritti tuhota juutalaiset.

Hanna:

Luukkaan evankeliumin luvussa kaksi kerrotaan Hanna nimisestä jo iäkkäästä naisesta. Hän oli naisprofeetta ja leski hänen miehensä kuoltua seitsemän vuoden avioliiton jälkeen. Tässä vaiheessa Hanna oli jo kahdeksankymmentä neljä vuotta vanha. Hänen fysiikkansa ei antanut myöten kulkea nuorempien mukana mutta hän ei jäänyt toimettomaksi vaan palveli Jumalaa loppuun asti.

Hän ei enää poistunut pyhäköstä vaan pysyi siellä palvellen Jumalaa paastoilla ja rukouksilla yötä ja päivää. Hänen silmänsä saivat nähdä Jeesus-lapsen kun hänet tuotiin pyhäkköön ympärileikattavaksi. Hanna puhui lapsesta kaikille ja ylisti Jumalaa siitä että oli saanut kokea tällaisen hetken vielä elämänsä ehtoolla.

Anoppi:

Raamatun aikaisen kulttuurin mukaan
Pietari asui anoppinsa kanssa saman
katon alla. Pietarilla oli läheinen suhde
anoppinsa kanssa ja hän oli kiitollinen
eritoten siitä että anoppi auttoi heitä
kaikissa käytännön asioissa silti sekaan-
tumatta liikaa heidän yksityiselämäänsä.
Anoppi ymmärsi paikkansa eikä yrit-
tänytkään määrätä että missä nurkassa
se kaappi oikein seisoo. Oli kuitenkin
yksi paikka johon anopilla ei ollut asiaa
ja se oli Pietarin kalastusvene. Se oli
Pietarin yksityisaluetta johon ei anoppi
mahtunut. Kyllä anoppi kerran pääsi
mukaan kun oli sitä aikansa pyydellyt.
Pietari valitsi sellaisen päivän kun hän
näki taivaan merkeistä että tänään Gali-
lean merellä tuulee rajusti. Niin he sit-
ten siellä Pietarin veneessä anopin kans-
sa keinuivat oikein kunnolla ja anoppi
pelkäsi kuollakseen ja tuli merisairaaksi
eikä sen koommin halunnut veneeseen
tulla. Tämän Pietari hoiti hienosti omalla
tavallaan eikä edes tarvinnut anoppia
kieltää tulemasta veneeseen vaan

anoppi vapaaehtoisesti pysytteli rannalla tämän jälkeen. Anopilla oli myös nöyrä palvelijan mieli ja kerrotaan kuinka Jeesus kerran paransi hänet hänen ollessaan kuumeessa jonka jälkeen anoppi alkoi välittömästi palvelemaan vieraita. Kaiken kaikkiaan hän on hyvä esikuva kaikille muille anopeille. Ruutin kirjassa on myös malliesimerkki miniän ja anopin lämpimästä suhteesta josta kaikkien miniöiden kannattaa ottaa mallia. Ensimmäisessä luvussa kerrotaan kuinka Ruutin anoppi Noomi kehotti Ruutia palaamaan kotiseudulleen koska he molemmat olivat jääneet leskeksi. Ruut pysyi kuitenkin lujana päätöksessään seurata anoppiaan vaikka maan navalle saakka. Ruut sanookin että sinne minne sinä menet, sinne menen minäkin, ja missä sinä yövyt, siellä yövyn minäkin. Sinun kansasi on minun kansani ja sinun Jumalasi on minun Jumalani. Missä sinä kuolet, siellä minäkin tahdon kuolla ja tulla haudatuksi sinne. Herra rangaiskoon minua nyt ja vasta jos muu kuin kuolema erottaa meidät. Tässä kertomuksessa Ruut laittaa riman aika korkealle anopin ja miniän välisessä suhteessa mutta samalla osoittaa että se on mahdollista ylittää. Noomi ja Ruut näyttivät elämällään mallia anopin ja miniän välisten suhteiden hoitamisesta ja kuinka anopinkin kanssa voi elää kun on asenne kohdallaan. Jeesuksen sanat joissa hän sanoo että hän tuli tuomaan maan päälle eripuraisuutta kuvaa sitä kuinka ihmiset jakautuvat kahteen leiriin eli Jeesuksen seuraajiin ja oman tahdon tien kulkijoihin. Tämä saa aikaan välirikon myös anopin ja miniän välille mutta kun molemmat palvelevat Jumalaa kuten Noomi ja Ruut niin säilyy rauha myös ihmisten välillä.

Maria Magdaleena eli Magdalan Maria:

Raamatussa kerrotaan että Jeesus vapautti hänet seitsemän riivaajan vallasta joten on helppo ymmärtää miksi hän sen jälkeen halusi olla koko ajan lähellä Jeesusta. Hän oli myös läsnä kun Jeesus ristiinnaulittiin ja samoin kun hänet laitettiin hautaan. Maria oli myös ensimmäinen henkilö jolle Jeesus ilmestyi

ylösnousemisensa jälkeen ja hän sai
ensimmäisenä viedä siitä tiedon opetus-
lapsille.

Maria:

Martan ja Lasaruksen sisar Maria sai
suorittaa Jeesukselle sen ns. viimeisen
voitelun jota yleensä papit suorittavat
kuolevalle ihmiselle. Maria voiteli Jee-
suksen jalat kalliilla nardus voiteella ja
kuivasi ne hiuksillaan. Tässä tapauksessa
tosin voide meni näennäisesti hukkaan
koska Jeesus nousi kolmantena päivänä
ylös kuolleista mutta se oli arvokas teko
Jeesuksen silmissä joka sanoi että Maria
sai toimittaa tämän minun hautaamis-
päiväni varalle. Juudas Iskariot oli tosin
sitä mieltä että rahat menivät hukkaan
koska hän olisi halunnut laittaa voiteen
myyntihinnan omaan liivintaskuunsa
koska hän oli varas.

Edellä mainittua nardusvoidetta valmis-
tetaan Nardostachys nimisen kasvin
juuresta joka kasvaa korkealla Himalajan
rinteellä. Sen korkea hinta on helppo

ymmärtää kun ajattelemme kuinka kaukaa sitä tuotettiin ja ennen kuin se oli valmiina pullossa naisen kädessä niin se oli käynyt läpi monta valmistusvaihetta. Sen hinnaksi arvioidaan raamatun päivinä noin yhden vuoden palkaksi.

Avionrikkoja nainen:

Joh.8:3-11, kertomuksessa tuovat voitonvarmat fariseukset aviorikoksesta yllätetyn naisen Jeesuksen eteen ja testaavat Jeesuksen lainkuuliaisuutta. Laissa oli selvä määräys kivittää kyseisen rikkeen tehnyt nainen. Jeesus tiesi heidän asenteensa ja laittoi heille luun kurkkuun sanomalla että se teistä joka itse on synnitön heittäköön ensimmäisen kiven. Pienen itsetutkistelun jälkeen fariseukset ymmärsivät ettei kenestäkään heistä ole sen ensimmäisen kiven heittäjäksi. Jeesuskaan ei häntä tuominnut vaan sanoi että mene äläkä tästedes enää syntiä tee.

Johanneksen evankeliumin kolmannessa luvussa sanotaankin ettei Jeesus tul-

lut maailmaan maailmaa tuomitsemaan,
vaan sitä varten että maailma hänen
kauttansa pelastuisi.

Neitsyt Maria:

Maria nimisiä naisia esiintyy uudessa
testamentissa useita ja yksi heistä on
Maria josta tuli Jeesuksen äiti. Hänet oli
kihlattu Joosef nimiselle miehelle ja hän
sai kunniakkaan tehtävän synnyttää Jee-
sus-lapsen. Maria sai enkeliltä ilmoituk-
sen että hän tulisi raskaaksi Pyhästä
Hengestä ja synnyttäisi pojan jolle tulisi
antaa nimi Jeesus. Hän oli nöyrä sydä-
meltään ja sanoi että tapahtukoon Her-
ran tahto hänen elämässään. Hänestä
on tullut jopa palvonnan kohde joissakin
piireissä mutta raamatun lehdillä hän
itse toteaa vaatimattomasti että täst-
edes kaikki sukupolvet ylistävät häntä
autuaaksi hänen saamansa kunniakkaan
tehtävän vuoksi.

Naisvalta:

Raamatun opetuksen mukaan mies on perheen pää mutta kyllä naistenkin täytyy välillä ottaa vetäjän rooli ja repäistä se toinen osapuoli ylös sohvankannelta jotta hommat hoituu kunnolla. Kun avioliitto on tasapainossa niin molemmat ymmärtävät oman roolinsa ilman alistamista puoleen tai toiseen.

Naisten kustannuksella!

Luukkaan evankeliumissa luvussa kahdeksan kerrotaan kuinka Jeesus ja hänen kaksitoista opetuslastaan vaelsivat paikkakunnalta toiselle ja saarnasivat evankeliumia. Usein me kuitenkin unohdamme lukea että heillä oli mukanaan useita nimeltä mainittuja naisia jotka palvelivat heitä varoillaan. Toisin sanoen naiset huolehtivat siitä että matkaseurueella huolto toimi ja miehet voivat keskittyä siihen kaikkein olennaisimpaan eli saarnaamiseen. Opetuslapsista useat olivat ammatiltaan kalastajia mutta nyt heidän ei tarvinnut itse lähteä kalaan vaan kalat ostettiin torilta ja niin heidän voimavaransa eivät kuluneet jokapäiväisen elatuksen hankkimiseen. Uusi testamentti opettaakin että evankeliumin julistajalla on oikeus saada elatuksensa evankeliumista.

Tabita:

Joppessa asui opetuslapsi nimeltään Tabita, kreikaksi Dorkas josta kirjoitetaan että hän teki paljon hyviä töitä ja antoi runsaasti almuja. Eräänä päivänä hän sairastui vakavasti ja kuoli. Pietari oleskeli samaan aikaan Lyddassa joka oli Joppen naapurikaupunki ja hänet kutsuttiin paikalle. Tultuaan Tabitan kuolinvuoteen luokse paikalla olleet lesket esittelivät Pietarille ihokkaita ja vaatteita jotka Tabita oli heille valmistanut. Pietari pyysi kaikkia muita poistumaan huoneesta ja rukoili ja sanoi sanat: "Tabita , nouse ylös!" Kuollut heräsi henkiin ja lesket saivat takaisin hänet joka oli ollut heille tuki ja turva heidän ahdingossaan. Tällaisia Tabitoja tarvitaan tänäkin päivänä jotka huolehtivat heikoista ja tekevät avustustyötä vaikka heitä ei koskaan nimitettäisikään diakonin virkaan kuten ei raamatun Tabitaakaan mutta hän sai kuitenkin nimensä raamatun lehdille.

Kuka tietää vaikka Tabita olisi perustanut historian ensimmäisen ompeluseuran paikkakuntansa naisille. Ompeluseurat on tärkeä hengellinen tilaisuus, jonka teemana on kerätä varoja hyväntekeväisyyteen eli köyhien auttamiseen. Laulamisen ja keskustelun ja luonnollisesti myös kahvittelun ohessa tehdään käsitöitä joita sitten myydään tai arvotaan jonkin tärkeän kohteen hyväksi.

Naisapostoli:

Apostoli joka tarkoittaa lähettilästä sopisi monelle naiselle heidän kutsumustyönsä perusteella. Monet suomalaisetkin naiset ovat Jumalan kutsusta lähteneet lähetystyöhön ja uhranneet elämänsä toteuttaakseen omaa näkyään jonka ovat Herralta saaneet. He ovat tehneet sen todellisen uudisraivaustyön mikä on apostolille ominaista. Paavalikin piti oikein kunnia-asianaan julistaa evankeliumia siellä missä sitä ei vielä ollut tehty. Monet Raamatun tutkijat ovat kuitenkin sitä mieltä ettei uusi testamentti kutsu ketään naista apostoliksi vaan ainoastaan miehiä.

Room. 16:7:ssa Paavali mainitsee Anronikoksen ja Junian, jotka ovat "arvossa pidettyjä apostolien joukossa." Junia- tai Junias-nimisen apostolin sukupuolesta on käyty loputtomia keskusteluja, toiset ovat sitä mieltä että hän oli nainen toiset taas pitävät häntä miehenä. Jos hän oli nainen, Paavali tulee maininneeksi ainoan naispuolisen apostolin jonka raamattu mainitsee nimeltä. Tämä ei kuitenkaan tarkoita, etteikö naisia olisi voinut olla enemmänkin apostoleina. Tehdään kompromissi jos naisia ei kerran voida kutsua apostoleiksi niin annetaan heille uusi nimi nimittäin apostolitar.

Leski:

Lesket on huomioitu raamatun teksteissä erikoisella tavalla koska leskeksi jäätyä nainen menetti miehensä myötä myös useimmiten elatuksensa ja siksi leskistä kehotetaan pitämään huolta. Seuraavaksi muutama esimerkki leskistä joiden elämästä löytyy raamatun lehdiltä opittavaa meille tämän päivän ihmisillekin.

Sarpatin leski:

Kyseinen leski sai Jumalalta kehotuksen huolehtia profeetta Eliasta kun tämä oli pakomatkalla kuningas Ahabin uhattua hänen henkeään. Köyhällä naisella ei ollut kuin vähän jauhoja ja tippa öljyä jäljellä ruokakomerossaan mutta hän totteli sisäistä kehotustaan ja sai siitä siunaukset joilla hän eli poikansa kanssa kauan aikaa tämän jälkeen. Hänen kohdallaan toteutui raamatun sana että etsikää ensin Jumalan valtakuntaa niin kaikki muu siinä ohessa teille annetaan.

Köyhä leski:

Köyhä leski sai kunniapaikan uuden testamentin sivuille inhimillisesti katsottuna vaatimattoman tekonsa tähden. Hän meni temppeliin mukanaan kaksi lanttia jotka oli saanut säästettyä köyhyydestään huolimatta. Syy miksi erikoisesti hänen uhrinsa huomioitiin oli siksi että siinä oli koko hänen elämisensä. Muut uhrasivat kyllä enemmän mutta eivät laittaneet koko elämäänsä likoon Jumalan valtakunnan hyväksi. Köyhä leski teki tietoisen valinnan eikä lähtenyt muiden mukana kaupungille tuhlaamaan rahojaan vaan päätti sijoittaa ne parhaalla mahdollisella tavalla eli taivaan pankkiin. Taivaan pankki lupaa muuten parhaat osingot sijoittajilleen koska Jeesus lupaa satakertaisesti takaisin sen mistä me hänen nimensä takia olemme luopuneet. Jo tässä ajassa etuottoa ja tulevassa ajassa iankaikkisen elämän.

Nainin leski:

Luukkaan evankeliumissa kerrotaan naisesta joka ensin menetti miehensä ja sen jälkeen myös poikansa. Kun poikaa oltiin viemässä paareilla hautausmaalle niin Jeesus tuli saattueen luo, tunsi sääliä naista kohtaan ja herätti hänen poikansa henkiin. Tänäkin päivänä monet äidit joutuvat katsomaan kuinka heidän poikansa ja tyttärensä kulkevat tietä joka johtaa ennenaikaiseen hautaan.

Ainoa keino saada lapsensa tuolta kuoleman tieltä elämän tielle on pyytää Jeesusta paikalle eli rukoilla että Herra armahtaa lasta. Jeesus on ainoa kenellä on valtuudet siirtää ihminen kuolemasta elämään. **Sananlaskut 24:11** kehottaa meitä pelastamaan ne, joita kuolemaan viedään, pysäyttämään ne, jotka surmapaikalle hoippuvat.

Johannes 11:25, Jeesus sanoi hänelle: "Minä olen ylösnousemus ja elämä; joka uskoo minuun, se elää, vaikka olisi kuollut. Jeesus tulee pian takaisin ja silloin

Jeesuksessa kuolleet nousevat ylös ensin ja kukapa ei haluaisi olla tuossa mukana ja ne jotka ovat sillä hetkellä hengissä ja Jeesuksen omia lähtevät mukaan taivaallisiin häihin.

Itsepäinen leski:

Jeesus käyttää myös leskivaimoa vertauksessaan periksi antamattomasta rukouksesta. Vertauksessa leski vaivasi jumalatonta tuomaria väsyksiin asti saadakseen tuomarilta apua riitapuoltaan vastaan. Tuomaria ei alkuun kiinnostanut ollenkaan hänen asiansa mutta kun leski kävi jo melkein hänen silmilleen niin tuomari taipui ja antoi apunsa. Tällä Jeesus opetti että kun Herran omat huutavat Jumalan puoleen yötä päivää niin apu tulee taatusti ylhäältä.

Elävän miehen leski:

Raamatusta löytyy yksi kohta jossa puhutaan elävän miehen leskestä jossa kerrotaan kuningas Daavidin sivuvaimoista jotka hän jätti pitämään huolta palatsistaan paetessaan poikaansa Absalomia. Absalom nousi kapinaan Daavidia vastaan haluten vallan itselleen ja halusi häpäistä isänsä Daavidin kaiken kansan nähden menemällä hänen sivuvaimojensa luo. Daavidin palattua takaisin pakomatkaltaan hän lukitsi sivuvaimonsa vartioituun taloon eikä enää mennyt heidän luokseen koska heidät oli julkisesti häväisty kaiken kansan nähden. Daavid piti kyllä huolen heidän elatuksestaan koko heidän elämänsä ajan. Meidän päivinämme vastaavaa tapahtuu kun mies ei esim. muistisairautensa takia enää muista edes olevansa naimisissa eikä tunnista enää vaimoaan niin sellaisesta vaimosta voidaan joskus käyttää nimitystä elävän miehen leski.

Leskenä taivaassa?

Taivaassa ei kukaan enää ole leskenä kuten ei myöskään aviomiehenä eikä aviovaimona vaan siellä ollaan raamatun mukaan kuten enkelit taivaassa. Nämä perhejärjestelyt ja avioliittoasiat ovat vain tätä maanpäällistä aikaa varten.

Koukkuselkäinen nainen:

Luukkaan evankeliumissa luvussa 13 kerrotaan kuinka Jeesuksen opettaessa synagogassa sapattina paikalla oli nainen jossa oli heikkouden henki eikä hän pystynyt oikaisemaan itseänsä. Nuorempana hän oli aivan terve ja normaali kuten kaikki muutkin mutta kahdeksantoista vuotta sitten oli Saatana päässyt sitomaan hänet ja alistamaan hänet valtansa alle. Nyt hän oli kaikkien silmätikkuna ja pilkankin kohteena kulkiessaan koko ajan kumarassa. Jeesus kutsui naisen luokseen ja vapautti hänet heikkouden hengestä joka oli sitonut hänet. Tänäkin päivänä aivan liian monet naiset kulkevat kuvainnollisesti selkä kumarassa kykenemättä itse auttamaan itseään vapauteen. Jeesus on sama eilen, tänään ja iankaikkisesti ja ennalleen asettaa ihmisen joka kääntyy hänen puoleensa. Jos tunnet olevasi koukkuselkäinen ja alas painettu joko fyysisesti tai henkisesti niin minulla on sinulle hyviä uutisia. **Psalmi 145:14**, Herra tukee kaikkia kaatuvia, ja kaikki alas painetut hän nostaa. **Psalmi 146:8,**Herra avaa sokeain silmät, Herra nostaa alas painetut, Herra rakastaa vanhurskaita.

Viisas vaimo:

Pietari kehottaa ensimmäisessä kirjeessään vaimoja olemaan miehilleen alamaisia, niin että nekin miehet jotka eivät tottele sanaa, ilman sanojakin voitettaisiin vaimojen vaelluksen kautta, kun he näkevät heidän puhtaan vaelluksensa jumalanpelossa. On siis tärkeää että elämä ja puheet ovat tasapainossa jos halutaan olla Kristus kirjeitä omien miestenkin elämässä. Pienenä plussana voi laittaa aamutossut ja päivän lehden eteiseen odottamaan kun tietää että mies tulee pian väsyneenä töistä kotia eikä heti ensimmäiseksi työnnetä sitä roskapussia käteen ja sanota että vie nämä heti ulos. Tällainen "aamutossu evankeliointi" on saattanut monet miehet elämän tielle. Kannattaa myös hyvissä ajoin ajaa koira pois hänen suosikki nojatuolistaan jotta paikka on vapaa kun hän haluaa istahtaa lepäämään.

Loois ja Eunike:

Loois oli Timoteuksen isoäiti ja Eunike oli Timoteuksen äiti jotka Paavali mainitsee kehottaessaan Timoteusta pitämään vilpittömän uskon kuten nämä edeltä mainitut läheiset hänen elämässään olivat tehneet. He olivat omalla esimerkillään viitoittaneet oikeaa tietä Timoteuksenkin kulkea. Sanonta kuuluu että mitä isot edellä sitä pienet perässä ja se toimii myös näissä uskonasioissa jos näytämme oikeanlaista esimerkkiä jälkikasvullemme niin on paljon suurempi mahdollisuus että hekin valitsevat saman tien. Toki he joutuvat tekemään oman ratkaisunsa Jeesuksen puoleen mutta voimme olla elävänä karttana ja kompassina heille näyttämässä oikeaa tietä joka vie iankaikkiseen elämään Jumalan luona.

Kelpo vaimo:

Sananlaskuissa luku 31 jae 10 kertoo meille kelpo vaimon arvon. Kelpo vaimon kuka löytää? Sellaisen arvo on helmiä paljon kalliimpi. Tässä sitten muutamia hyviä puolia kelpo vaimosta oheisen raamatun kohdan pohjalta.

1. Luottamuksen arvoinen. Hänen miehensä luottaa häneen eikä siltä mieheltä riistaa puutu.

2. Hän toimii miehensä parhaaksi, ei vahingoksi, kaikkina elinpäivinään.

3. Hän on ahkera. Tekee työtä ahkerin käsin.

4. Hän on palvelualtis ja antaa ravinnon talonsa väelle.

5. Hän huomioi muutkin ja avaa kätensä kurjalle, ojentaa köyhälle molemmat kätensä.

6. Hän avaa suunsa puhumaan viisautta, hänen kielellään on lempeä opetus.

Niinpä hänen miehensä ja perheensä ylistävät häntä onnelliseksi.

Lopuksi kaikkein tärkein piirre kunnon vaimossa on luonnollisesti se että hän pelkää Herraa.

Verenvuotoa sairastava nainen:

Matteus 9:20-22:ssa kerrotaan naisesta joka oli sairastanut verenvuotoa jo kaksitoista vuotta. Hän oli kulkenut lääkäriltä toiselle ja tuhlannut koko omaisuutensa erilaisiin hoitoihin tulematta paremmaksi. Päinvastoin hoidot olivat tehneet hänet entistä huonommaksi. Elettiin aikaa jolloin verenvuotoa sairastava nainen katsottiin saastaiseksi ja jos joku häneen koski niin siinä itsekin saastui. Nainen oli kuullut Jeesuksesta ja uskoi että jos hän saa koskettaa Jeesusta niin hän paranee. Nainen tiesi hänen olevan tulossa ja hankkiutui niin lähelle Jeesusta että sai kosketettua Jeesuksen

viitan tupsua jolloin hänen veren-
vuotonsa lakkasi välittömästi. Jeesus ei
nuhdellut naista vaikka hän saastaisena
kosketti Jeesusta vaan naiselle tapahtui
hänen uskonsa mukaan ja hän parani
täysin. Jesaja 53:4 kirjoittaa ennustuk-
sen Jeesuksesta seuraavanlaisesti. Mei-
dän sairautemme hän kantoi, meidän
kipumme hän sälytti päällensä.

Martta:

Martta oli Marian ja Lasaruksen sisar ja
hän oli paljon aikaan saava käytännön
ihminen. Hän oli palvelualtis eikä pelän-
nyt tarttua käytännön töihin vaan raatoi
aamusta iltaan taloustöissä palvellen
muita. Hänen suosikkiasunsa oli esiliina
jonka hän puki päälleen aamulla en-
simmäisenä eikä riisunut sitä ennen kuin
illalla nukkumaan mennessä. Jeesus vie-
raili heidän kodissaan ja puhui sisaruksil-
le Jumalan valtakunnasta jolloin Maria
kuunteli korvat tarkkana eikä ollut ol-
lenkaan kiinnostunut vieraiden palvele-
misesta. Martta oli sisarelleen vähän
käärmeissään koska ei saanut häneltä

mitään apua mutta Jeesus lohdutteli Marttaa ja muistutti mikä on se kaikkein tärkein asia nimittäin olla Herran jalkojen juuressa ja kuunnella hänen puhettaan.

Ei Martta ollut sen vähemmän arvokas kuin sisarensakaan mutta sai olla esimerkillään muistuttamassa meitä tämän päivän ihmisiäkin siitä mikä on kaikkein tärkeintä kaiken kiireen keskellä jossa elämme.

Suomessa toimii Martta-yhdistys joka opastaa naisia mm. kaikissa kotitaloustöihin liittyvissä asioissa. Me tarvitsemme olla välillä myös Marttoja että asiat tulee hoidettua unohtamatta kuitenkaan sitä kaikkein tärkeintä eli Herran edessä olemista.

Martta järjestö perustettiin Helsingissä 29.3.1899. Alun perin nimenä oli Sivistystä kodeille mutta se muutettiin myöhemmin Marttayhdistykseksi.

Herodias:

Kuningas Herodes oli nainut veljensä Filippuksen vaimon Herodiaan josta Johannes kastaja oli nuhdellut häntä ja tavataan sanoa että ihminen joko muuttuu tai suuttuu kun häntä kehotetaan tekemään parannusta. Herodiaan kohdalla tapahtui se huonompi vaihtoehto eli hän suuttui ja halusi kostaa Johannekselle hänen parannussaarnansa. Tilaisuus tuli Herodeksen synttäreillä kun Herodiaan tytär sai luvan anoa mitä halusi onnistuneen tanssiesityksensä jälkeen. Äiti Herodias kehotti tytärtään pyytämään Johannes kastajan päätä vadille ja tytär kuunteli valitettavasti kostonhimoista äitiään. On tietenkin hienoa kunnioittaa ja kuunnella äidin neuvoa mutta vain niin kauan kun se on Jumalan tahdon mukaista. Herodiaan tyttären nimeä ei mainita kyseisessä kertomuksessa mutta juutalaisen historian mukaan se olisi ollut Salome.

Euodia ja Syntyke:

Filippiläiskirje 4:2-3 Nämä edellä mainitut kaksi naista saivat Paavalilta erikoisen kehotuksen olla yksimielisiä Herrassa. Paavali antoi kylläkin samassa yhteydessä heille tunnustusta koska he olivat yhdessä Paavalin kanssa taistelleet evankeliumin hyväksi. Paavali kehottaa seurakuntaa auttamaan näitä naisia koska he ovat olleet suureksi hyödyksi ja avuksi Paavalille ja hänen työtovereilleen. Kehotuksen sanaakin kuitenkin tarvittiin koska heillä oli ilmeisesti tullut eriävä näkemys nokkimisjärjestyksestä Filippin seurakunnassa ja siksi Paavali kannustaa heitä nimenomaan yksimielisyyteen Herrassa.

Psalmissa 133, kuvaillaan yksimielisyyttä upeasti. Katso, kuinka hyvää ja suloista on, että veljekset (koskee muuten naisiakin) sovussa asuvat. Tämän ylle on Jumala nimittäin säätänyt siunauksensa.

Kanaanilainen vaimo:

Kanaanilaisen naisen ja Jeesuksen kohtaaminen poikkesi huomattavasti muista raamatun kertomuksista. Nainen tuli Jeesuksen luo pyytäen että hän vapauttaisi hänen tyttärensä riivaajan vallasta.

Ensimmäinen vastaus oli ettei Jeesus vastannut hänelle ollenkaan.

Toinen vastaus kuului että Jeesus auttaisi ainoastaan juutalaisia.

Kolmanneksi Jeesus sanoi ettei ole soveliasta ottaa lasten leipää ja heittää penikoille.

Nainen ei antanut periksi vaikka kaikki inhimillinen soti häntä vastaan vaan rukoili Jeesukselta apua uskoen siihen mitä pyysi. Naisen peräänantamattomuus kuitenkin palkittiin ja hän sai avun ja hänen tyttärensä vapautui riivaajan vallasta.

Samarialainen nainen:

Jeesus kohtasi samarialaisen naisen Sykarin kaivolla ja puheli hänen kanssaan ja pyysi häneltä vettä. Juutalaiset karttoivat samarialaisia eivätkä halunneet olla heidän kanssaan tekemisissä mutta Jeesus ei erotellut ihmisiä heidän alkuperänsä perusteella vaan kaikki olivat hänelle samanarvoisia. Keskustelun aikana nainen huomasi että Jeesus tiesi kaiken hänen värikkäästä elämästään mutta ei kuitenkaan tuominnut häntä. Tämän jälkeen nainen lähti kaupunkiin kertomaan Jeesuksesta joka sai muutkin liikkeelle ja raamatussa kerrotaan että monet muutkin samarialaiset uskoivat Jeesukseen saatuaan itsekin kuunnella häntä.

Syntinen nainen:

Syntinen nainen ja Jeesus kohtasivat fariseus Simonin talossa. Nainen jonka tiedettiin elävän syntistä elämää teki Jeesukselle kaikki ne palvelut jotka Simonin talon isäntänä olisi kuulunut suorittaa. Simon ei antanut Jeesukselle vettä jalkojen pesua varten, hän ei antanut Jeesukselle tervetuliais suudelmaa joka kuului heidän kulttuuriinsa, eikä hän voidellut Jeesuksen päätä öljyllä. Nainen sen sijaan kasteli Jeesuksen jalat kyynelillään, kuivasi ne hiuksillaan ja voiteli ne tuoksuöljyllä. Oleellisin ero syntisen naisen ja Simonin välillä oli se että Simon oli tekopyhä ja piti itseään muita parempana kun taas syntinen nainen oli katuva syntinen. Jeesus muistutti myös Simonia siitä että koska nainen oli saanut paljon anteeksi niin siksi hän rakasti paljon. **Roomalaiskirje 5:20** sanookin että missä synti on suureksi tullut, siinä armo on tullut ylenpalttiseksi.

Lyydia:

Lyydia esitellään apostolienteoissa ammatiltaan purppuranmyyjänä ja Tyatirasta kotoisin olevana henkilönä. Hänestä sanotaan että hän oli jumalaapelkäävä nainen ja niin Paavali kohtasi hänet joen rannalla olevalla rukouspaikalla johon hän oli tullut muiden naisten kanssa rukoilemaan. Paavalin julistettua heille evankeliumia Jeesuksesta otti Lyydia vastaan pelastuksen ja hänet ja hänen perhekuntansa kastettiin välittömästi. Iloisena kokemuksestaan hän kutsui Paavali matkaseurueineen kotiinsa ja halusi näin osoittaa kiitollisuuttaan siitä mitä Jumala teki hänen ja hänen perheensä elämässä. Saman tapauksen yhteydessä kerrotaan myös orjatytöstä joka oli tietäjähengen vallassa ja hankki omistajalleen tuloja ennustamalla ihmisille maksua vastaan. Hän oli orja sekä fyysisesti että sisäisesti mutta hän sai kokea sisäisen vapauden Paavalin ajettua tietäjähengen ulos hänestä.

Safiira:

Hänestä kerrotaan apostolien teoissa siinä yhteydessä missä kerrotaan alkuseurakunnan pitäneen kaikkea yhteisenä ja sillä tavalla huolehtineen toinen toisestaan. He myivät maansa ja mantunsa ja lahjoittivat saadut varat yhteiseen käyttöön. Safiira ja hänen miehensä myivät myös oman maatilansa ja toivat osan myyntihinnasta apostolien jalkojen juureen kuitenkin kätkien osan saamistaan rahoista. Rahat olivat luonnollisesti heidän eivätkä ne ole tämän raamatun kertomuksen opetus vaan rehellisyys Jumalan edessä on se mitä heidän kohtalonsa korostaa meille tämän päivänkin ihmisille. Pyhä Henki paljasti kuitenkin heidän petosyrityksensä ja he saivat molemmat siitä myös rangaistuksensa ja niin heidät haudattiin samana päivänä samaan hautaan muille osoitukseksi siitä että Jumala haluaa totuutta salatuimpaan saakka.

Ruustinna:

Ruustinna on vanhentunut nimitys esim. rovastin tai papin vaimosta. Raamatusta löytyy useita esimerkkejä pariskunnista jotka liikkuivat yhdessä Jumalan asioilla ja esim. Priskilla ja Akyilas jotka saivat jopa matkustaa Paavalin mukana hänen matkustaessaan Syyriaan. Ennen tuota matkaa he tekivät yhdessä Paavalin kanssa vaihteeksi maallista työtä toimien teltantekijöinä. Paavali puolustaa tällaista käytäntöä ensimmäisessä korinttilaiskirjeessä kirjoittaen seuraavasti. Eikö meillä olisi oikeus kuljettaa muassamme vaimoa, uskonsisarta, niin kuin muutkin apostolit ja Herran veljet ja Keefas tekevät. Pastorin tai papin vaimon tärkein tehtävä ei siis välttämättä tarvitsekaan olla miehensä paitojen silittäminen eikä vieraiden kahvittaminen vaan vaimokin saa osallistua mahdollisuuksien mukaan myös evankeliumin työhön miehensä rinnalla hänen tukenaan ja työtoverinaan.

Raamatullinen mallinukke:

Raamatun lehdillä on naisille annettuja ohjeita pukeutumisen ja ulkoisen olemuksen hoitamiseksi. Näitä ohjeita pidetään tänään vanhentuneina ja tärkeintä onkin meidän sisäinen kauneutemme eikä niinkään se ulkonainen. **1.Tim.2:9** niin myös, että naiset ovat säädyllisessä puvussa, kaunistavat itseään kainosti ja siveästi, ei palmikoiduilla hiuksilla, ei kullalla, ei helmillä eikä kallisarvoisilla vaatteilla, vaan hyvillä teoilla. Tärkein meikki tämän mukaan ovat siis hyvät teot eikä niinkään se miltä peilin edessä näytetään.

Jobin tyttäristä sanottiin ettei maan päällä ollut muita samanlaisia kaunottaria kuin hänen kolme tytärtään. Heidän lempinimensä olivat turturikyyhky, kassia ja ihomaaliputki ja jos he olisivat osallistuneet kauneuskilpailuun niin he olisivat ilmeisesti kolmestaan jakaneet ensimmäisen sijan. Laitetaan vain asiat oikeaan järjestykseen niin hyvä tulee myös kauneusrintamalla.

Jos haluat olla luonnonkaunis eli naturell-versio niin hyvä on mutta jos haluat kilpailla joulukuusen kanssa niin toivotaan onnea matkaan.

Kristuksen morsian:

Seurakuntaa kuvaillaan raamatussa Kristuksen morsiamena jota valmistetaan taivaallisia häitä varten. Ilmestyskirjassa kerrotaan niiden häiden kestävän seitsemän vuotta ja sen jälkeen saamme aina olla Kristuksen kanssa halki iankaikkisuuden. Niihin häihin pääsevät ne jotka ovat tässä ajassa valkaisseet vaatteensa Kristuksen veressä eli ovat ottaneet uskossa vastaan Jeesuksen omaan elämäänsä. Raamatun mukaan Jeesuksen "kosinta" on sisällytetty kehotukseen jonka Jeesus antoi ihmisille liikkuessaan täällä maan päällä ja se kuului; "tule ja seuraa minua." Tässä saavat miehetkin olla mukana ja samaistua morsiameksi eli silloin miehetkin ovat hengellisessä mielessä feministejä koska Jeesuksessa ei erotella ihmisiä sukupuolen mukaan vaan kaikki ovat saman arvoisia

Sekä yhteiskunnassa että seurakunnissa jonkinlainen köydenveto naisen asemasta jatkuu ja jäämme jännityksellä odottamaan kuinka Eevan jälkeläisille käy. Pienestä se alkoi kun Eeva tehtiin Aatamin kylkiluusta mutta maasta se pienikin ponnistaa kuten tavataan sanoa. Pikkuhiljaa Eevan jälkeläiset saavat vedettyä enemmän ja enemmän köyttä omalle puolelleen ja saa nähdä kuinka lopulta käy. Lykkyä tykö kaikille naisille älkääkä antako tuumaakaan periksi siitä mihin Herra on teidät kutsunut.

Kun vastuita jaetaan seurakunnissa niin on aina syytä miettiä kumpi on parempi vaihtoehto pätevä nainen vai keskinkertainen mies. Toisin sanoen ei kannata käyttää valintakriteerinä sukupuolta vaan pätevyyttä.

Tässä vielä lopuksi pieni kysymys miehille jotka sattuvat tätä kirjaa lukemaan. Milloin viimeksi luit vaimollesi korkeaveisujen kirjasta 4:1-3?

Korkeaveisu 4:1-3, katso kaunis sinä olet, armaani; katso, kaunis sinä olet. Kyyhkyläiset ovat sinun silmäsi huntusi takana; sinun hiuksesi ovat kuin vuohilauma, joka laskeutuu Gileadin vuorilta. Sinun hampaasi ovat kuin lauma kerittyjä lampaita.

Kuin punainen nauha ovat sinun huulesi, ja suusi on suloinen; kuin granaattiomena, kypsyyttään halkeileva, on sinun ohimosi huntusi takana.

.